PÉTITION

A LA

CONVENTION NATIONALE,

Par PHILIPPE-CYR PREVOST,

Nommé, par brevet de la République du 1er. décembre dernier, Sous-chef d'Administration à Saint-Domingue;

Procédant comme ci-devant Garde-magasin des Vivres et de la Marine en l'île de la Grenade et dépendances.

A PARIS,

DE L'IMPRIMERIE DE DIDOT JEUNE.

FÉVRIER 1793,

l'an deuxième de la République française.

PÉTITION

A LA

CONVENTION NATIONALE,

Par PHILIPPE-CYR PREVOST,

Nommé, par brevet de la République du 1er. décembre dernier, Sous-chef d'Administration à Saint-Domingue;

Procédant comme ci-devant Garde-magasin des Vivres et de la Marine en l'île de la Grenade et dépendances.

A PARIS,

DE L'IMPRIMERIE DE DIDOT JEUNE.

FÉVRIER 1793,

l'an deuxième de la République française.

PÉTITION

COLONIES

A LA

CONVENTION NATIONALE,

Par PHILIPPE CYR PREVOST, nommé par brevet de la République, du 1er. décembre dernier, Sous-chef d'Administration à Saint-Domingue;

Procédant comme ci-devant Garde-magasin des Vivres et de la Marine, en l'île de la Grenade et dépendances.

REPRÉSENTANS DU PEUPLE au milieu duquel je suis né, la cause que je viens vous présenter est digne de toute votre attention.

Je réclame contre l'acte le plus excessif du pouvoir absolu et du despotisme ministériel, exercé contre moi sous les yeux de la première Législature.

Mais pour éclairer votre religion, et vous mettre en mesure d'en connoître toute l'atrocité, je ne puis me dispenser de retracer les vexations inouies, les spoliations les plus incroyables, les outrages, les abus d'autorité de tous genres que j'ai éprouvés, dans la même cause, aux îles du Vent et en France, sous le généralat de BOUILLÉ, et sous les ministères de CASTRIES et LA LUZERNE; parce que ces faits seront des points de ralliement entre les causes et les effets de cette persécution barbare.

J'aurois voulu ne pas rappeler des noms qui ont mérité l'animadversion générale, mais ma cause m'en fait un devoir : je vais la développer le plus succinctement possible ; la vérité conduira ma plume, et chaque fait que je citerai sera appuyé d'une autorité ou d'une pièce irréprochable.

Mon existence est un phénomène après tout ce que j'ai souffert depuis douze ans. Et pourquoi (me dira-t-on) tant de maux ont-ils été réunis sur votre tête ? Parce que j'ai servi à la Grenade sous un Ordonnateur qui avoit été utile à D'ESTAING, lors de la conquête de cette colonie en 1779 : par là cet Ordonnateur étoit devenu l'objet de la haine et de la vengeance de BOUILLÉ ; qui avoit formé le projet de le perdre à tel prix et par tel moyen que ce pût être. Les dissentions, ou, pour dire plus vrai, la persécution la plus outrageante, la plus scandaleuse et la plus publique de BOUILLÉ envers D'ESTAING pendant son séjour à la Martinique, ont retenti dans toute l'Amérique et en France; et il est suffisamment connu que pour satisfaire ses passions, BOUILLÉ ne ménageoit pas le nombre de ses VICTIMES.

Je suis la principale dans l'affaire de la Grenade, puisqu'elle a été le prétexte de l'enlèvement de toutes mes propriétés que je viens réclamer au tribunal de la Nation. Je voudrois en pouvoir offrir le sacrifice à la chose publique; ce seroit un sentiment bien précieux pour mon cœur: mais ces propriétés ne m'appartiennent plus; elles sont devenues le gage sacré de mes créanciers, dont plusieurs généreux et sensibles se sont épuisés pour venir à mon secours, à celui de ma famille, et sans l'aide desquels je n'aurois jamais pu m'élever au-dessus des actes de despotisme et de tyrannie dont on s'étoit flatté que je périrois enfin la victime.

FAIT.

Une dénonciation clandestine et calomnieuse, adressée au commencement de 1781 à CASTRIES, ministre de la marine, par BOUILLÉ, lieutenant-général au gouvernement des îles du Vent, et par DURAT, Gouverneur de la Grenade, m'avoit présenté comme coupable de déprédations dans les magasins des vivres dont j'étois gardien, dépositaire et comptable en l'île de la Grenade.

Du fond de cette accusation directe contre moi, l'on fit sortir la prévention de complicité contre l'Ordonnateur que l'on vouloit atteindre; et, par une suite nécessaire, on crut devoir y compliquer aussi les deux officiers d'administration qui étoient les intermédiaires entre l'Ordonnateur et moi.

Cette dénonciation fut combinée entre JEAN-HENRI DONEZ, *faisant*, par interim, *les fonctions de contrôleur de la marine, sur commission de l'Ordonnateur*, et DANIEL LESCALLIER, *commissaire* aussi *de la ma-*

rine, AGENS VISIBLES de la persécution dont ils se rendoient les acteurs principaux : il sera démontré qu'ils ont reçu la récompense de leur dévouement à BOUILLÉ.

Durat, gouverneur de la Grenade, auquel cette dénonciation avoit été secrétement présentée, ne se mit point en garde contre le rôle secondaire que l'on cherchoit à lui faire jouer pour donner de l'importance à ce premier acte de la calomnie. Si son cœur ne fut pas coupable, sa foiblesse et ses démarches inconsidérées ont causé de grands maux dans toute cette affaire qui n'eut jamais existé, si Durat se fut renfermé dans les bornes de ses pouvoirs et de ses devoirs.

Je ne reprendrai point tous les détails qui ont précédé et suivi cette dénonciation, parce qu'ils sont développés dans mon mémoire imprimé en octobre 1789, faisant le n°. II des pièces produites.

CASTRIES a fait expédier, sur cette dénonciation, des lettres-patentes du propre mouvement, SIGNÉES, CONTRESIGNÉES, et SCELLÉES EN BLANC (1); elles ont ensuite

(1) *Vide* n°. I, des pièces produites.

été envoyées en cet état à BOUILLÉ et à PEYNIER, administrateurs de la Martinique. Ces administrateurs laissés maîtres par le ministre de remplir LE BLANC *de ces lettres-patentes*, du nom du Conseil supérieur de la Martinique ou de celui de la Grenade, à leur gré, en ont confié, de préférence, l'exécution au Conseil supérieur de leur île, sur lequel ils avoient toute influence, puisqu'ils en étoient les chefs présidens.

Le Conseil supérieur de la Martinique, devenu Commission par le choix des Administrateurs de cette colonie, délégua une Sous-commission, qu'elle envoya à la Grenade pour l'instruction provisoire. Ces deux Commissions, ou, pour mieux dire, ces deux phantômes de tribunaux ont fait la procédure la plus monstrueuse : tous leurs actes ont été autant de violations de tous les principes de justice, et un abus continuel de leur ministère. Enfin les dénonciateurs DONEZ et LESCALLIER, ont été admis à jouer alternativement au procès les rôles DE TEMOINS ET DE JUGES, selon que les circonstances ont rendu ce changement utile aux passions de BOUILLÉ.

Sans avoir été entendu, j'ai été dépouillé de ma place, de mon état civil, de tous mes papiers, *registres, brouillards, balances, états de situation, pièces de dépense, de comptabilité, de trois grands cartons pleins de papiers et renseignemens, même de tous mes papiers personnels, dont l'existence avoit été constatée; enfin de toutes mes propriétés, sans* SCELLÉS *ni* INVENTAIRE ET HORS DE MA PRÉSENCE.

J'ai été jeté dans les prisons de la Grenade, le dimanche 4 novembre 1781, à onze heures et demie du matin: j'y ai été tenu au secret pendant les quatre-vingt-dix-sept premiers jours de ma détention.

Après cent vingt-deux jours de captivité à la Grenade, j'ai été transféré dans les prisons de la Martinique.

Là, comme à la Grenade, toutes mes réclamations, protestations, déclarations, offres et réquisitions, furent repoussées avec inhumanité, sans aucun examen préalable; toutes les formes, toutes les règles de la justice et de l'équité naturelle furent violées, sans respect même pour leur caractère de juges, et je lus dans leurs yeux le plan bien résolu de me perdre.

En effet, le 25 mars 1782, j'ai été condamné au bannissement perpétuel hors du royaume, en 3 liv. d'amende et en 300,000 liv. de restitution, solidairement avec l'Ordonnateur ; mes biens ont été déclarés acquis et confisqués, etc. Peu s'en est fallu que les juges iniques de cette odieuse Commission n'aient poussé l'atrocité jusqu'à me flétrir du fer réservé aux scélérats.

J'ai ignoré mon sort pendant cinquante-quatre jours ; mais dès le 26 mars, lendemain de ce jugement, BOUILLÉ et PEYNIER avoient eu grand soin d'expédier le jugement par extrait au ministre Castries. J'ai rendu compte dans mon mémoire imprimé en 1789 (1), de toutes les horreurs qui ont précédé et suivi ce jugement, et la conduite de CASTRIES sera jugée bien barbare et bien conforme aux inspirations de la haine de BOUILLÉ.

Après dix-sept mois de captivité, sans aucune interruption et dans les climats les plus brûlans, j'ai été amené dans les prisons de Nantes, et j'ai enfin été rendu à la liberté le 19 mars 1783.

(1) *Vide* n°. II, des pièces produites.

Je serois péri de misère et d'infortune dans les prisons de la Martinique, sans les secours généreux et de confiance que j'ai reçus des citoyens BERNARD et JACQUES TEXIER, négocians recommandables des îles du Vent, frères de Pierre Texier de Bordeaux, de Jean Texier d'Amsterdam, et de Jean-Jacques Texier des Cayes Saint-Louis île Saint-Domingue.

J'étois dans une telle détresse à la réception de l'ordre de ma liberté à Nantes, qu'il fallut que le concierge des prisons s'en rapportât à ma bonne foi pour ce que je lui devois de subsistance, gîte et géolage ; je ne pus me libérer avec lui qu'au bout de quelques jours, graces aux citoyens LUBBERT, frères et fils aîné, négocians à Bordeaux.

Je me suis rendu à Paris, où j'ai trouvé ma femme et mes enfans dispersés, et dans un dénuement presque égal au mien.

J'ai demandé des juges; et ce n'est qu'après quatorze mois de sollicitations, d'importunités et de démarches de toutes espèces, que j'en ai enfin obtenu.

Dormesson, Daguesseau de Fresne,

Drouyn de Vaudeuil, conseillers d'état; Chevignard, maître des Requêtes, furent avec d'autres magistrats du ci-devant Conseil des Dépêches, successivement nommés Commissaires à l'examen et rapport du procès, instruit et jugé par la Commission et la Sous-Commission de la Grenade et de la Martinique. Ils ont travaillé ce procès dans le plus grand détail; et, après un an de l'examen le plus approfondi et le plus solennel sur le fond de toutes les accusations, l'affaire fut rapportée au ci-devant Conseil des Dépêches, *et en leur présence*. Le 29 avril 1785, il intervint arrêt qui *cassa et annulla les différens jugegemens de la Commission, ensemble toutes les procédures faites en conséquence, et tout ce qui s'en étoit suivi et pourroit s'en suivre; la procédure annullée fut conservée pour mémoire seulement, et le fond de l'accusation fut renvoyé au Parlement de Paris, grand'chambre.*

Il semble qu'il n'étoit ni juste ni naturel que le Roi remît dans les liens d'une nouvelle procédure des accusés reconnus innocens; mais on pensa que le Roi ne pouvoit réparer la surprise qui lui avoit été faite, sur le motif qu'il répugnoit au caractère de la souveraineté de connoître d'affaires criminelles, et qu'il n'avoit pas le droit d'éteindre une accusation que lui seul cependant avoit ordonnée.

On a mis une telle sévérité dans toute cette affaire, que j'ai été obligé de me mettre en état dans les prisons de Versailles pendant la tenue du Conseil, et que, par les mêmes principes de rigueur, je n'ai pu obtenir dispense du Garde-des-Sceaux. J'ai bu le calice de l'amertume jusqu'à la lie.

Il s'est donc fait une nouvelle instruction au parlement de Paris; et après nouveaux décrets, nouveaux interrogatoires, etc., est intervenu l'arrêt du 29 août 1786, QUI M'A DÉCHARGÉ DE TOUTES PLAINTES ET ACCUSATIONS CONTRE MOI INTENTÉES, ET M'A RENVOYÉ PAR DEVERS LE ROI POUR MES INDEMNITÉS, AVEC PERMISSION DE FAIRE IMPRIMER ET AFFICHER L'ARRÊT (1).

Je crois ne pas devoir taire une circonstance nouvelle pour moi.

---

(1) *Vide* n°. III des pièces produites.

Le décret salutaire qui a forcé les ministres à communiquer aux parties les pièces secrètes de leur administration, m'a procuré la correspondance de CASTRIES avec le PROCUREUR-GÉNÉRAL du Parlement de Paris, ainsi que d'autres pièces dont je parlerai dans la suite.

Dans cette correspondance j'ai trouvé un mémoire d'observations du Procureur-général à Castries, faisant réponse aux pièces envoyées par ce ministre à ce magistrat. Toutes ces observations sont un examen scrupuleux de tous les chefs d'accusation imputés à l'administration de la Grenade, et ce magistrat cite toutes les pièces justificatives de la bonne administration des magasins du Roi dans cette colonie. Enfin ce magistrat observe au ministre, dans la lettre qui accompagne ses observations, que le Parlement pourroit penser qu'il n'y a pas lieu à plainte, *mais que ce seroit plutot le cas d'ordonner une instruction contre Donez et Lescallier, les dénonciateurs, et contre les officiers du conseil supérieur de la Martinique qui ont fait l'instruction.* En conséquence il lui annonçoit un projet de lettres patentes, comme la mesure la plus convenable pour éteindre cette affaire (1).

D'après cet état de faits, CASTRIES ne pouvoit plus être enveloppé des prestiges de l'erreur; il devoit avoir un jugement formé sur l'animadversion que méritoient *Donez* et *Lescallier, dénonciateurs.* Néanmoins Castries donna à Lescallier une marque signalée de confiance en le faisant nommer à la place d'ordonnateur de l'île de Cayenne (2), et il fit Donez commissaire de la marine à la Martinique.

Depuis mon retour de Saint-Domingue, j'ai ouvert le cahier de la treizième distribution des pensions, et j'y ai lu (page 111) que DANIEL LESCALLIER a obtenu en 1785, au DÉPARTEMENT DE LA MARINE, *une pension de 2000 livres pour services rendus dans les colonies.* A cette époque, le conseil du roi retentissoit de toutes les machinations de

---

(1) *Vide* n°. IV et V des pièces produites.

(2) Lescallier avoit été envoyé par Bouillé, ordonnateur à Demerari, possession hollandoise dans la Guyane, en 1782 : il n'avoit pas attendu long-temps le prix de sa corruption et de ses bassesses, et la faveur de Bouillé ne l'a pas abandonné depuis.

Lescallier et de Donez ; à cette époque, ils étoient reconnus de vils calomniateurs. Voilà donc bien écrite la récompense du crime ; et la vertu, l'innocence, restent persécutées sans retour vers la raison ni la justice.

Je lis aussi, page 299, troisième classe des pensions et sixième distribution, que DURAT *a obtenu en* 1782, AU DÉPARTEMENT DE LA MARINE, *une pension de* 4000 *liv. pour ses services pendant qu'il étoit gouverneur à la Grenade*. Or, il n'a pu obtenir cette pension sans le concours de BOUILLÉ, *gouverneur-général de la Martinique*. Quel changement ! Sa complaisance à accueillir la dénonciation de Donez et Lescallier, à déchirer et calomnier l'ordonnateur dans sa lettre au ministre, du 10 avril 1781, et la suite de sa conduite dans cette affaire lui auroient donc mérité la faveur de BOUILLÉ auprès de CASTRIES ! Ces découvertes font lumière sur les auteurs de toutes les atrocités dont je me plains.

Les 14 septembre et 22 novembre 1786, j'ai présenté à Castries l'état de mes réclamations (1) qui avoient pour objet ; 1°. la res-

(1) *Vide* n°. VI des pièces produites.

titution des propriétés qui m'avoient été spoliées ; 2°. le rappel du traitement dont j'avois été injustement dépouillé ; 3°. les indemnités dont le droit étoit prononcé par l'arrêt du parlement de Paris. Le total s'élevoit à la somme de 171,895 liv.

J'ai demandé en même temps mon remplacement au département des colonies, comme le premier acte de justice que le Roi ne pouvoit refuser à mon innocence et à mon honneur ; enfin j'avois demandé une pension pour ma femme, réversible sur mes enfans comme la plus douce consolation qui pût dédommager un époux et un père, victime de tous les abus de l'autorité et de l'oppression.

L'or et l'argent du trésor public de la Grenade et de la Martinique, n'ont point été épargnés pour opérer, pour consommer toutes les calamités cumulées sur ma tête.

CASTRIES, humilié de la justification éclatante que mon innocence avoit obtenue au milieu de l'infortune la plus cruelle, qui faisoit ma gloire ; CASTRIES, dis-je, continua son plan de malveillance dans la réparation des torts qui m'avoient été faits, sous le prétexte spécieux de ménager les finances de l'état.

CASTRIES s'étoit attaché à faire combler des faveurs du Roi, *Jean-Henri Donez* et *Daniel Lescallier*, agens principaux de la trame ourdie pour renverser l'ordonnateur sous lequel j'avois servi à la Grenade.

Ils étoient reconnus calomniateurs, et cependant CASTRIES les honora de distinctions.

J'étois reconnu innocent, victime de leur turpitude : je demandois remplacement, restitution, indemnité, et tout parloit pour moi, tout repoussoit avec horreur mes deux calomniateurs ; mais ils étoient protégés ! ils avoient servi la haine de BOUILLÉ, au lieu que le bon droit de ma cause fatiguoit la vanité de CASTRIES : car l'orgueil vaincu ne pardonna jamais.

Que fit ce ministre dans une telle position ? Les intrigans ont un art à eux pour faire le mal : c'est alors qu'ils prennent le masque de la justice et de la vertu, comme Tartufe. En effet, CASTRIES imagine d'élever entre lui et les malheureux dont les cris l'importunoient, un rempart qui le mît à l'abri de toute nouvelle sollicitation ; il voulut

lut que mes réclamations et celles des autres membres de l'administration de la Grenade parussent avoir été discutées avant de les mettre sous les yeux du Roi. Il chargea mystérieusement de ses intentions, trois conseillers d'état qu'il a eu l'attention de ne pas faire connoître. On sait qu'un ministre trouvoit aisément, alors, autour de lui des gens disposés à faire plier la justice au gré de sa volonté.

Enfin ces conseillers d'états quel qu'ils fussent, ou plutôt les *agens secrets* de CASTRIES, ont fait, à l'occasion de la fixation de mes réclamations, un rapport perfide et criminel, par lequel ils se sont permis de répandre complaisamment des doutes sur mon innocence et celle des autres accusés.

Ils conviennent que le Roi ne peut refuser des indemnités; mais ils observent que, « si « l'innocence des accusés est présumée re- « lativement à des actes susceptibles d'être « punis par des peines prononcées par la « loi, *ils ne prétendent pas que ces accusés « aient justifié leur administration sous « le point de vue de la* RÉGULARITÉ *ou de « la* DÉLICATESSE *même qu'ils auroient dû*

« *mettre dans l'exercice de leur emploi.* «

« Cependant ils estiment que, pour les « faire jouir pleinement de l'effet de l'arrêt « qui les a justifiés, *il convient de les em-* « *ployer de nouveau au service du Roi*, s'il « juge à propos de les honorer encore de sa « confiance, *sinon, de leur accorder une* « *retraite proportionnée à la nature de leur* « *emploi et à la durée de leurs services* (1). »

Qui que vous soyez, Magistrats, qui avez souillé votre caractère de ministres de la loi, qui avez ainsi sacrifié les droits de l'innocence, au desir de servir les vues d'un ministre en crédit, sur quoi avez-vous fondé les soupçons injurieux que, méchamment, vous avez répandus sur mon honnêteté, ma délicatessse, et sur celles des autres membres de l'administration de la Grenade, qui ne peuvent pas être coupables quand je suis innocent? Vous venez flétrir la justification la plus solennelle, et vous vous cachez dans les ténèbres pour porter des coups plus certains! Quelle lâcheté! quelle perfidie!

---

(1) *Vide* n°. VII des pièces produites.

Au bas de cet étrange rapport, CASTRIES fit écrire de la main même du Roi :

« *Leur donner les indemnités proposées* « *par les Commissaires, sans les employer* « *de nouveau* (1). »

Il est bon d'observer que Castries ne fait rien statuer par le Roi sur la retraite à accorder dans le cas de non-remplacement. Cela démontre que CASTRIES dirigeoit de ses bureaux, ou de son cabinet, toutes ces opérations malfaisantes, quoiqu'il voulût se perdre dans l'ombre.

En conséquence de cette décision, que je n'ai connue que long-temps après, et dont on m'a indignement caché les plus fatales dispositions, il m'a été accordé, le 2 février 1787, une somme de 33,000 liv. tant pour six années d'appointemens, que pour m'indemniser des frais du procès dont j'étois la victime.

Sur cette somme de 33,000 liv. il a été arrêté, par un raffinement de barbarie, qu'il me seroit retenu celle de 10,217 liv. par moi précédemment touchée.

---

(1) *Vide* même n°. VII.

Cette retenue, qui le croira jamais! avoit pour objet, 1°. la subsistance que le Roi m'avoit fournie pendant la longue et cruelle captivité que j'avois si injustement endurée en son nom, dans les prisons de la Grenade, de la Martinique et de Nantes, subsistance qu'il est dans l'usage d'accorder aux prisonniers même les plus coupables; 2°. quelques secours que le Roi m'avoit accordés, au même titre, depuis mon retour en France.

J'ai touché les 22,783 livres à quoi se trouva réduite la première somme de 33,000 liv. au moyen de la retenue de subsistance dont je viens de parler. J'ai réparti ces 22,783 liv. à mes créanciers, et j'ai continué mes persévérantes réclamations.

Dans le fatal rapport des trois Conseillers d'état, restés inconnus, il est dit, *que dans la somme de* 33,000 *liv.* montant de l'indemnité par eux proposée et par eux réduite à 22,783 liv. *n'étoit pas compris ce que je justifierois m'avoir appartenu dans les magasins du roi*, *PARCE QU'ALORS CE SE-*

ROIT LA SIMPLE RESTITUTION D'UNE PROPRIÉTÉ (1).

Cette disposition, qui sembleroit, au premier abord, un acte de justice digne de reconnoissance, et *une mesure conservatoire de mes droits*, avoit été imaginée pour m'éconduire sur toutes mes réclamations, en me renvoyant à la condition préalable de justifier de mes propriétés, *dont on savoit bien qu'au nom du Roi l'on m'avoit enlevé tous les titres, tous les renseignemens.* Et, en effet, *j'ai prouvé que tous mes registres, états, pièces de comptabilité de tous les genres, tous les vivres en magasins, mes meubles, mes effets, m'ont été enlevés, SANS SCELLÉS, SANS INVENTAIRE, et PENDANT QUE J'ÉTOIS AU SECRET DANS LES PRISONS DE LA GRENADE.*

J'éprouvois refus continuels de CASTRIES, et sur mes réclamations et sur ma demande en remplacement. Ce sont mes démarches, mes importunités, mes recherches, qui m'ont appris toute l'horreur du rapport qui avoit provoqué la décision du 2 février 1787.

(1) *Vide* même n°. VII.

LE COUPABLE CASTRIES étoit d'autant plus répréhensible de me refuser mon remplacement, le complément de mes indemnités, et la restitution des propriétés que j'avois dans les magasins du Roi à la Grenade, avant mon arrestation, qu'il avoit dans ses mains les observations et la lettre du Procureur-général du Parlement de Paris, mon accusateur, ma partie contradictoire et le défenseur des droits du Roi, et que, dans ces observations religieusement discutées et détaillées, et dans sa lettre du 26 mai 1786, dont le ministre Monge m'a délivré copie, de lui certifiée, se trouvoit la preuve la plus évidente de la pureté de ma gestion, et de la légitimité de mes réclamations (1).

J'arrive enfin au ministère de la LUZERNE, successeur de CASTRIES. LA LUZERNE avoit adopté le même esprit de hauteur, de dédain, de prévention et d'insensibilité (2): ce sont de grandes dispositions à l'injustice! aussi m'a-t-il balotté, vexé, trompé, comme son prédécesseur, sans le moindre

(1) *Vide* mêmes n°s. IV et V.

(2) *Vide* n°. VIII, IX et X des pièces produites.

égard pour ma ruine absolue, ni pour la position désastrueuse et touchante dont je devois les malheurs à la conduite criminelle de Castries.

Enfin a paru le règlement du 8 août 1789, qui établissoit un Comité par lequel devoient être préalablement examinées toutes les affaires contentieuses de nature à être portées au Conseil des Dépêches, où elles devoient être rapportées, comme à l'ordinaire, par les ministres de chaque département. Mais ce règlement portoit que le rapport seroit fait et le jugement prononcé devant les commissaires de ce Comité. Cette précaution paroissoit un rempart protecteur contre l'abus que les ministres pouvoient faire du pouvoir qui leur étoit confié par le Roi; mais il en est que rien n'arrête.

Étayé de ce règlement, je me suis pourvu par simple requête au Conseil, le 20 du même mois d'août 1789 (1), en opposition à la décision du 2 février 1787, et j'ai demandé un tribunal qui réglât contradictoirement et définitivement mes réclamations.

---

(1) *Vide* n°. XI des pièces produites.

C'est, enfin, après un mois d'intervalle que le Ministre de la marine a renvoyé ma requête à ce Comité, pour lequel, à cette époque, j'ai développé avec détails, dans le Mémoire imprimé que j'ai annoncé et que je produis sous le n°. II, tous les moyens qui justifioient mes réclamations, et par conséquent le bien-fondé de mon opposition.

D'ORMESSON, *magistrat vertueux*, l'un des conseillers d'état qui avoient concouru à l'arrêt de cassation rendu au Conseil le 29 avril 1785, qui avoit acquis dans l'examen du procès de l'administration de la Grenade, la conviction personnelle de toutes les horreurs pratiquées aux colonies, et à la pénétration duquel toutes les préventions de CASTRIES n'avoient pas échappé, se trouva heureusement présider ce Comité. Je mettois la plus grande confiance dans la sévère probité de ce magistrat; cependant je ne connus point le résultat du Comité, et LA LUZERNE me laissa dans une ignorance entière de l'existence de l'avis de ce Comité, contenu dans une lettre qui lui avoit été écrite par d'Ormesson, le 10 novembre

1789. J'ai actuellement dans mes mains une copie authentique de cette lettre, *certifiée par le ministre* MONGE.

J'allois toujours voir LA LUZERNE pour solliciter la décision que je demandois. Je remarquai que, vers l'époque de cette lettre que j'ignorais, ses dédains devinrent moins repoussans : *Il me dit*, en ces termes, *qu'il consentiroit bien à me remplacer, que cela étoit juste; mais que je ne le serois pas plus tôt, que je lui demanderois l'impossible.* Je ne savois à quel être bienfaisant j'étois redevable d'un changement aussi étrange et aussi subit !

Ma réponse fut simple. Je lui dis, à mon tour, que je n'avois jamais demandé et que je ne demanderois jamais que chose juste ; que je sollicitois avec instance mon remplacement parce qu'il tenoit à mon honneur ; que s'il joignoit à ce remplacement un à compte sur mes réclamations, capable d'alimenter mes créanciers ; ceux-ci, me voyant en activité, prendroient encore patience, et attendroient que l'état me remboursât ce qu'il me devoit, en capitaux et intérêts. Enfin, le ministre LA LUZERNE termina par me proposer le *Brevet d'écrivain ordinaire des Colonies*, grade qui n'équivaloit pas, à beaucoup près, celui dont j'avois été dépouillé. Mes justes observations n'eurent aucun succès. Je touchois à la veille de l'échéance du sauf-conduit qui me garantissoit des poursuites de mes créanciers, à la merci desquels j'allois me trouver abandonné. Cette réflexion impérieuse et accablante vainquit toutes mes résistances, et j'acceptai.

En conséquence, dès le 15 décembre 1789, LA LUZERNE fit écrire à de Vaivres, *intendant général des Colonies*, par de Raime, son premier secrétaire, de faire expédier mon brevet, et de le présenter à la signature du ministre le JEUDI SUIVANT. De Vaivres répondit de suite que les intentions du ministre seroient exécutées (1). En effet, le JEUDI, *jour indiqué*, le brevet fut présenté par de Vaivres à LA LUZERNE, qui, au moment de le signer, s'arrêta à une nouvelle idée... il dit qu'il ne vouloit plus signer; et LA LUZERNE manifesta une intention la

---

(1) *Vide* n°. 12, 13 et 14, des pièces produites.

plus barbare, la plus révoltante et la plus contraire à tous les principes de la justice: il me fit écrire, le même jour 17 décembre, par le même de Raime, qu'il étoit toujours dans l'intention de m'accorder ce *brevet d'écrivain des colonies*, MAIS A LA CONDITION QUE JE RENONCEROIS, PAR ÉCRIT, A TOUTE RÉCLAMATION ULTÉRIEURE ENVERS LE ROI (1).

Frappé comme de la foudre, je ne puis rendre toute l'indignation que cet acte atroce de la tyrannie de LA LUZERNE créa dans mon cœur. Ce coup étoit pire que la mort pour mes créanciers, mon épouse et mes enfans!

Mon premier mouvement fut de me rendre chez le notaire Lambot, et de lui présenter la lettre que je venois de recevoir de de Raime, comme premier secrétaire du ministre. Je requis cet officier public de recevoir *mes protestations* contre ce dernier acte du despotisme le plus cruel.

Cet officier public crut devoir en référer aux syndics de sa compagnie; et le résultat

---

(1) *Vide* n°. 15 des pièces produites.

fut qu'il étoit défendu aux notaires, A PEINE D'INTERDICTION, *de recevoir des protestations contre les opérations du gouvernement.*

J'ai en mes mains le certificat déclaratif de cet officier public (1).

Désespéré, ayant épuisé toutes mes ressources personnelles et celles de mes vertueux et trop sensibles amis qui ne pouvoient plus rien pour moi, (*ainsi qu'en étoit fortement persuadé* LA LUZERNE) je me traînai chez de Vaivre, le 18 décembre, pour savoir en quels termes la renonciation homicide que l'on m'arrachoit devoit être conçue... Je dois hommage à la vérité. De Vaivres me parut révolté de la condition que venoit d'imaginer la Luzerne, et me dit *que je ferois ma renonciation en tels termes qu'il me plaîroit ;* MAIS QU'IL NE SOUFFRIROIT PAS QUE RIEN FUT ÉCRIT, NI CHEZ LUI, NI A SON IMPULSION A CE SUJET (2).

La réponse de de Vaivres qui, par sa place, connoissoit très-particulièrement toute l'affaire et les malheurs de l'adminis-

---

(1) *Vide* n°. 16, des pièces produites.

(2) De Vaivres est à Paris, il ne pourra démentir ce fait.

tration de la Grenade, est une condamnation très-prononcée de la conduite de la Luzerne, qui dit plus que toutes les réflexions que je pourrois y ajouter.

Rentré chez moi, le poignard dans le cœur, ne sachant plus de quel côté donner de la tête, me voyant sous le couteau de l'assassin, cette place me parut une planche dans mon naufrage, et je traçai dans une simple lettre de quatre lignes, cette fatale renonciation, que la raison, l'équité naturelle et toutes les lois déclarent nulle, abusive et criminelle, parce qu'elle a été l'effet de la violence et de la nécessité, supérieures à toutes les règles de la justice.

Ce brevet d'écrivain fut donc enfin signé le 20 décembre 1789, (1) et de Raime en me l'annonçant ne me laissa point ignorer que LA LUZERNE, après avoir signé, s'écria avec acclamation *qu'il venoit de faire une bonne affaire pour le Roi*. En effet, il me vendoit ce brevet d'écrivain plus de cent cinquante mille livres (2).

---

(1) *Vide* n°. 17, des pièces produites.

(2) De Raime est à Paris, et il ne pourra démentir ce fait.

La conduite de LA LUZERNE paroîtra bien plus atroce encore, quand vous connoîtrez le contenu de la lettre de l'incorruptible d'Ormesson, que ce ministre prévaricateur tenoit mystérieusement entre ses mains depuis le 10 novembre 1789, plus d'un mois avant cette époque; elle lui portoit l'avis du comité que ce magistrat présidoit. Quel front! quelle sérénité de la Luzerne, pour s'élever au-dessus de ces témoignages de justice qui commandent, et se dégrader jusqu'à ce dernier forfait!

En effet ce magistrat, comme président du comité, consulté sur mes réclamations, proposa au Ministre de me donner « *une* « *provision alimentaire, en attendant que je* « *pusse être employé utilement, ou obtenir* « *le jugement définitif de mes propriétés* « *d'après les observations du procureur-général* « *du parlement de Paris, fondées sur le résul-* « *tat des procédures envoyées au parlement.* »

Il présenta cette mesure comme un acte de « *justice* que devoit déterminer *la con-* « *sidération de la longue captivité, et des* « *pertes considérables de tous genres que* « *j'avois éprouvées et qui me laissoient sans*

« *aucun moyen de subsistance;* mais cette mesure devoit cesser au moment de « *L'OB-« TENTION DE MES INDEMNITÉS EN « ENTIER, ou de mon REMPLACEMENT « DONT L'INTENTION DU ROI N'AVOIT « CERTAINEMENT PAS ÉTÉ DE M'EX-« CLURE A PERPÉTUITÉ SUR UNE SIMPLE « DÉCISION DANS LE TRAVAIL PARTI-« CULIER DU MINISTRE.* »

Enfin ce magistrat termine par cette expansion de l'ame du comité.

« *Nous ne pouvons au reste,* dit-il, au « ministre LA LUZERNE, *que vous soumettre « ces observations comme LE FONDS MÊME « DE NOTRE AVIS, bien assurés que vous « voudrez, comme nous, CONCILIER, AU-« TANT QU'IL SERA POSSIBLE DANS LA « DÉCISION PROVISOIRE que nous avons « l'honneur de vous proposer, TOUTES LES « CONSIDÉRATIONS DE JUSTICE, D'HU-« MANITÉ ET MÊME DE PRUDENCE QUE « LES CIRCONSTANCES PEUVENT EXI-« GER* (1). »

La conduite de LA LUZERNE, après cet

(1) *Vide* n°. 18, des pièces produites.

avis plein de sagesse du comité contentieux, flétrit l'ame et afflige l'humanité : il ne reste plus de réflexions à faire, et je reprends l'ordre des faits.

Je me suis rendu à Saint-Domingue, qui étoit ma nouvelle destination. Je n'ai pas été peu surpris de trouver au contrôle du Port-au-Prince, une lettre écrite le 31 décembre 1789 par LA LUZERNE à Marbois, intendant de cette colonie, *pour lui annoncer que, d'après l'arrêt qui avoit proclamé ma justification, Sa Majesté avoit voulu FAIRE UN ACTE DE JUSTICE EN ME REMETTANT EN ACTIVITÉ AU DÉPARTEMENT DES COLONIES* (1). Quelle contrariété de langage et de conduite !

J'ai copie authentique de cette pièce nouvelle qui fait bien le triomphe le plus complet de mon innocence, et la preuve la plus éclatante de toutes les horreurs dont je suis le jouet et la victime depuis douze ans.

LA LUZERNE ne s'imaginoit pas, en écrivant cette lettre, qu'un jour elle tomberoit en mes mains.

---

(1) *Vide* n°. 19, des pièces produites.

CITOYENS

CITOYENS LÉGISLATEURS, ET VENGEURS DE L'INNOCENCE OPPRIMÉE, je proteste devant VOUS et devant TOUTE LA NATION ; je réclame contre la renonciation violente, injuste, tortionnaire, nulle de droit et de fait qui m'a été arrachée par LA LUZERNE, le 18 décembre 1789. Car, loin que cette renonciation commandée porte atteinte à mes droits, elle prouve la connoissance et la conviction intime que LA LUZERNE avoit de la légitimité de mes réclamations, elle rend mes droits encore plus sacrés ; ainsi le pensent tous les hommes de loi.

D'après cet état de faits et de circonstances, autant extraordinaires que dignes de vos regards et de votre justice, je demande donc, CITOYENS, un tribunal qui, sur ma requête existante au conseil des dépêches, à la date du 20 août 1789, sous la première législature de l'Assemblée Nationale, et sur le vu des pièces authentiques que j'ai citées et que je produirai, prononce sur mes réclamations établies les 14 septembre et 24 novembre 1786 ; que ce tribunal fixe en même temps les intérêts qui me sont dus depuis cette époque, ainsi que les indemnités auxquelles j'ai droit pour les nouvelles persécutions que le continuel abus de l'autorité m'a fait encore éprouver depuis.

Je suis obligé de mettre sous vos yeux la position difficile dans laquelle je me trouve aujourd'hui.

J'ai été assez heureux à Saint-Domingue que de pouvoir, au milieu des circonstances les plus désastreuses, servir le plus efficacement la chose publique. J'ai la confiance que ce témoignage me sera rendu par le citoyen Monge, appelé par la souveraineté du peuple, aux ministère de la marine et des Colonies.

Ce ministre vient de me donner ordre de me tenir prêt (1) à retourner promptement à Saint-Domingue, y exercer les nouvelles fonctions qui me prouvent sa satisfaction de mes services. Mon zèle inépuisable répond à ses intentions. Mon cœur sera toujours disposé à donner à chaque instant de nouvelles preuves de mon attachement à la République dont je suis citoyen. Je cède

---

(1) *Vide* n°. 20, des pièces produites.

aux motifs impérieux de santé que j'aurois à invoquer pour rester en France jusqu'au mois d'octobre prochain. Je fais ce nouveau sacrifice à ma patrie ; mais aussi j'ai le plus pressant besoin que vous veuilliez bien prononcer définitivement sur ma pétition. Je suis l'organe de tous mes créanciers souffrans qui vous intercèdent par ma voix ; je leur dois cette courageuse persévérance ; je la dois ensuite à mon épouse et à mes enfans.

Votre sagesse, Citoyens Législateurs, ne m'opposera point, j'espère, la rigueur de l'expiration du délai fatal prononcé par le décret du 17 juillet 1790, proclamé en France le 18 août suivant, parce que cette loi n'est pas applicable à l'espèce. Ce décret d'ailleurs m'a été inconnu, parce qu'il n'a pas été publié à Saint-Domingue où j'étois en activité de service, et d'où je ne suis de retour par congé que depuis peu, pour rétablir ma vue affoiblie par un travail excessif, de jour et de nuit, pendant plusieurs mois, au milieu du fer, des flammes qui ont dévasté les plus intéressantes portions de cette riche contrée.

Quand le trésor national ne s'appauvrit que pour des actes de justice, la dépense n'en est jamais grande, puisque c'est pour le plus grand bien de l'État.

PHILIPPE CYR PREVOST.

59

www.ingramcontent.com/pod-product-compliance
Ingram Content Group UK Ltd.
Pitfield, Milton Keynes, MK11 3LW, UK
UKHW032014260826
14628UKWH00005B/2485

9 782013 378086